Dresdner Dichterhäuser

Norbert Weiß / Jens Wonneberger

Dresdner Dichterhäuser

be.bra verlag
berlin.brandenburg

Dieses Buch entstand mit freundlicher Unterstützung von DDkom – Die Dresdner Telekommunikationsgesellschaft mbH.

DDkom

Ein Unternehmen der TROPOLYS Gruppe.

Inhalt

Vorbemerkung

„Blühe, Deutsches Florenz, mit Deinen Schätzen der Kunstwelt! Stille gesichert sei Dresden Olympia uns“, rief Johann Gottfried Herder begeistert aus, und Heinrich von Kleist schwärmte von der „großen, feierlichen Lage“ Dresdens „in der Mitte der umkränzenden Elbhöhen“. Die Kunstschätze der Galerien, Museen und Bibliotheken und die landschaftliche Schönheit der Stadt und ihrer Umgebung waren jahrhundertelang Gründe, derentwegen es Maler und Musiker, Dichter und Gelehrte nach Dresden zog. Für die meisten, vor allem die Dichter, war Dresden zwar eine Reise wert, bleiben dagegen wollten die wenigsten. Schlimmer noch, sie überschütteten die Stadt, als sie gingen, mit ihrem Spott. Vom „allertrübesten Fleck in Deutschland“ sprach Robert Prutz und „einem Land der Kuchenfresser“ mit einem „Volk wie nasser Schwamm“. Franz Grillparzer fand „quäkende Frösche mit ihrer äußeren Höflichkeit und inneren Grobheit“, und Friedrich Schiller sah ein „seichtes, zusammengeschrupftes, unleidliches Volk, bei dem es einem nie wohl wird.“

Dresden war eine Stätte der Erinnerung an gute Zeiten, war die Residenzstadt, in der die Beamten des Hofes Ruhe und die alte Wohlfeilheit des Lebens suchten. Selbst als sich mit Johann von Sachsen ein König unter dem Namen „Philalethes“ höchstpersönlich daran machte, Dantes „Göttliche Komödie“ ins Deutsche zu übersetzen, änderte sich daran wenig. Nur einige Jahrzehnte ge-

lang es der Stadt wirklich, Heimat eines deutschland- oder gar europaweit wirkenden geistig-literarischen Zentrums zu sein: in der Zeit der Romantik, in der Ludwig Tieck Gleichgesinnte um sich scharte, in der Blütezeit der Reformbewegung in der Gartenstadt Hellerau und den Jahren des expressionistischen Aufbruchs.
Dresdens durch nichts zu erschütternder Anspruch, Stadt der Künste zu sein, gründet sich in erster Linie auf die Traditionen der bildenden Künste und der Musikkultur. Große Verlage und wichtige Zeitschriften, die für Autoren zu einem Anziehungspunkt hätten werden können, hatte die Stadt kaum. Und doch gibt es sie, die Dichterhäuser in Dresden. Da sind der herrschaftliche Waldhof des Ehepaars Sternheim, das Bürgerhaus des Rokoko, das Wilhelm von Kügelgen in seinen „Jugenderinnerungen eines alten Mannes" beschrieb, das „rauhe Musenquartier" der Künstlerherberge „Felsenburg", in dem sich die Autoren des Expressionismus versammelten, die Mietshäuser der Dresdner Neustadt, in denen Erich Kästner ein kleiner Junge war.
Schwierig erweist sich die Spurensuche in einer Stadt wie Dresden, deren historische Innenstadt fast vollständig der Bombardierung vom 13. Februar 1945 zum Opfer fiel. Unberücksichtigt bleiben musste so die Wohnung Heinrich von Kleists, der zwei Jahre in der Pirnaischen Vorstadt, Rammsche Gasse 123, lebte und in dieser Zeit Stücke wie „Penthesilea", „Hermannsschlacht" und „Käthchen von Heilbronn" sowie die Novelle „Michael Kohlhaas" schrieb und die Zeitschrift „Phöbus" herausgab. Unberücksichtigt aus diesem Grunde auch das Wohnhaus am Altmarkt, in dem der „König der Romantik" Ludwig Tieck seine legendären Vorleseabende veranstaltete, oder jenes in der Neustadt, unweit des Elbufers gelegene Haus des Schriftstellers und Kapellmeisters E.T.A. Hoffmann, der die Handlung des Märchens „Der Goldene Topf" in Dresden

ansiedelte. Unberücksichtigt auch die verschiedenen Wohnungen Fjodor Dostojewskis oder die Salomonisapotheke am Neumarkt, in der Theodor Fontane arbeitete …

Dichterhäuser in Dresden: Wir haben uns bei der Auswahl auf Gebäude beschränkt, die heute noch nahezu unverändert erhalten sind. In vier von ihnen sind literarische Museen untergebracht, die an das Leben und Wirken der jeweiligen Autoren erinnern.

So ist das Buch das Ergebnis eine Spurensuche, verbunden mit der schmerzlichen Erfahrung unwiederbringlicher Verluste – was bleibt, sind die Bücher.

Norbert Weiß, Jens Wonneberger
Dezember 2001

Schillers Weinberghäuschen auf Körners Weinberg in Loschwitz. Ölgemälde von T. Faber, 1832.

Oden aus der Waschküche

Das Schillerhäuschen in Dresden-Loschwitz

Alles hatte mit ein paar Briefen begonnen und gipfelte letztlich in der Ode „An die Freunde“. In jenen Briefen, heute würde man sie vielleicht Fan-Post nennen, gaben die Mitglieder der Familie Körner ihr Entzücken über Schillers „Räuber“ kund. Der Verehrte antwortete, wenn auch spät, es folgten Begegnungen und Einladungen, schließlich eine Freundschaft, deren Bundeslied der Dichter mit „Freude, schöner Götterfunken“ sang.

Christian Gottfried Körner (1756–1831), Rat am Oberappellationsgericht in Dresden, hatte 1785 ein Weinberggrundstück im Dorfe Loschwitz erworben, das sich vom Elbpfad (heute Körnerweg 6) bis zum Stadtweg (heute Schillerstraße 19) erstreckte. Das noch beinahe unverändert erhaltene zweigeschossige Gebäude aus der Barockzeit erhebt sich über das oberhalb einer Stützmauer in den Weinberg eingelassene Sockelgeschoss und zählt zu den ältesten Landhäusern der Gegend. Rechts davon erstreckt sich ein einstöckiges, mit einem Weinspalier versehenes Wirtschaftsgebäude. Am oberen Ende des Grundstücks – die Treppe, die beide Gebäude verband, existiert heute nicht mehr – befindet sich ein ockergelber, würfelförmiger, von einem Ziegelzeltdach gekrönter Pavillon, der einst die Weinpresse enthielt – das spätere „Schillerhäuschen“. Der Blick ging damals noch über den weitgehend von Bäumen unbewachsenen Hang über das Elbtal. Körner machte das Landhaus, wie auch seine später durch die Bombardierung Dresdens zerstörten Stadtwohnungen, zu Zentren des geistigen Lebens am Ende des 18. Jahrhunderts. Zu den Gästen gehörten Mozart und Goethe, Nicolai und die Gebrüder Humboldt, Tieck und die Gebrüder Schlegel, Herder und Arndt. Berühmtheit aber erlangten die Gebäude vor allem durch Friedrich Schiller.

Schiller kam in der Nacht zum 12. September 1785 in Dresden an, schon am nächsten Tag ging es hinaus nach Loschwitz, wo er bis zum Juli 1787 die Sommer verbrachte. An Ludwig Ferdinand Huber schrieb Schiller: „Was bisher meine heißesten Wünsche erzielten, hab ich nun erlangt. Ich bin hier, im Schoße unserer Lieben, aufgehoben wie im Himmel." Lange währte dieses Hochgefühl nicht, bald schon beklagte er den „Mangel an Menschen von Sinn, Kopf und Herz" in der Stadt. Als eine Oase in der „Wüste der Geister", wie er Dresden nannte, muss ihm da das Körnersche Winzerhaus mit seinem „artigen Gartenhäuschen" erschienen sein.

„ ... die Elbe bildet eine romantische Natur um sich her, und eine schwesterliche Ähnlichkeit dieser Gegend mit dem Tummelplatz meiner frühen dichterischen Kindheit macht sie mir dreifach teuer", schrieb er, auch wenn ihn die Geschäftigkeit in der Waschküche des Körnerschen Hauses zuweilen störte.

„Die Wäsche klatscht vor meiner Tür,
Es schnarrt die Küchenzofe –
... Der Teufel soll die Dichterei
Beim Hemdenwaschen holen!"

heißt es im humoristischen Gedicht „Untertänigste Promemoria an die Konsistorialrat Körnersche weibliche Waschdeputation in Loschwitz, eingereicht von einem niedergeschlagenen Trauerspieldichter". Also zog er den Berg hinauf, um im abseits gelege-

„Schillerhäuschen" mit Gedenktafel heute.

14

Friedrich von Schiller 1787, Handzeichnung von Dora Stock.

nen ehemaligen Pressenhaus an seinem „Don Carlos“ zu arbeiten. Die Arbeit zog sich in die Länge und ließ den Dichter zuweilen an seiner Berufung zweifeln, sodass Körner ihn immer wieder beruhigen und ermutigen musste. Der „niedergeschlagene Trauerspieldichter“ wusste diese Freundschaft zu schätzen, „ohne Dich läge ich schon längst auf dem Grunde der Elbe“, ließ er seinen Gönner später wissen und fand heitere Worte für den Freund und dessen Familienleben. Das kleine Lustspiel „Körners Vormittag“ entstand in Loschwitz, ebenso ein Büchlein mit dem Titel „Avanturen des neuen Telemachs oder Leben und Exsertionen Körners, des dezenten, konsequenten, pikanten etc. …“. Dora Stock (1759–1805), Körners Schwägerin und eine angesehene Kunstmalerin jener Zeit, schuf mehrere Bildnisse Schillers.

In Loschwitz bereitete der Dichter aber auch die Herausgabe einer neuen Zeitschrift, der „Thalia“, vor, betrieb umfangreiche historische und philosophische Studien und schrieb an den Erzählungen „Der Verbrecher aus verlorener Ehre“ und „Der Geisterseher“. Seine Wege führten ihn per Ross in die Gemäldegalerie oder zu Fuß und mit der Blasewitzer Elbfähre in die Schänke (heute Schillergarten), wo Schiller die Wirtstochter Justine Segedin kennen lernte, der er später in „Wallensteins Lager“ als Gustel von Blasewitz ein literarisches Denkmal setzte. In Dresden bleiben wollte Schiller indes nicht; er hoffte, in Weimar Unterstützung für seine weiteren Pläne zu finden Die unglückliche Liebe zu Henriette Adam, der neunzehnjährigen Tochter einer Dresdner Kammerdame, tat ein Übriges – am 20. Juli 1787 verließ er Dresden. Körner aber, der 1812/15 die erste Gesamtausgabe der Werke Schillers, verbunden mit der ersten Biografie seines Freundes, in Stuttgart besorgte, blieb er verbunden. Im Frühjahr 1792 und im Sommer 1801 besuchte er ihn erneut für einige Wochen in Loschwitz.

1855 ließ die Dresdner Schillerstiftung am Schillerhäuschen ein Reliefmedaillon und eine Marmortafel anbringen mit der Inschrift „Hier schrieb Schiller bei seinem Freunde Körner am ‚Don Carlos' 1785, 1786, 1787". Gegenüber dem heute als Museum genutzten Häuschen befindet sich, eingelassen in die Stützmauer der Schillerstraße, ein Denkmalbrunnen. 1913, anlässlich des 100. Jahrestages der Leipziger Völkerschlacht eingeweiht, zeigt ein Relief unter der Jahreszahl 1801 Schiller, Körner und dessen damals zehnjährigen Sohn Theodor, ein anderes unter der Jahreszahl 1813 Theodor Körner als Lützower Jäger im Kreise der Familie. Eine stilisierte Leier und sich kreuzende Schwerter verweisen auf die Gedichtsammlung „Leier und Schwert", die Christian Gottfried Körner aus dem Nachlass seines 1813 gefallenen Sohnes Theodor herausgab.

Das Körnerhaus heute.

Die Straßenfront des Kügelgenhauses in der Hauptstraße 13. In dem Gebäude ist heute das Museum zur Dresdner Frühromantik untergebracht.

Der Gottessegen

Wilhelm von Kügelgen im Brelingschen Haus

„So bezogen wir denn im Spätsommer des Jahres 1808 die zweite Etage des Brelingschen Hauses an der Neustädter Allee, der schönsten und freundlichsten Straße Dresdens. Dies Haus ... trug mit großen goldenen Buchstaben die an dem ganzen Sims hinlaufende Inschrift: ‚An Gottes Segen ist alles gelegen' und wurde kurzweg ‚der Gottessegen' genannt, den wir auch sämtlich drin gefunden haben."

Das Haus Gottessegen, von dem Wilhelm von Kügelgen (1802–1867) hier berichtet, hat eine lange Geschichte. Nachdem im Jahre 1685 der große Brand in der sächsischen Residenz gewütet und das auf dem rechten Elbufer gelegene Altendresden beinahe dem Erdboden gleich gemacht hatte, errichtete Michael Burger 1697 auf einer Brandstatt zunächst ein zweigeschossiges Barockgebäude und bezog es zwei Jahre später. Zwischen 1750 und 1758 wurde das Haus dann vierstöckig (nebst einbezogenem Mansarddachgeschoss sind es sogar fünf Etagen) im Rokokostil vollendet „als das einzige Beispiel eines typischen Dresdner bürgerlichen Wohnhauses des Rokoko."

Dass der „Gottessegen" mit Fug und Recht auch ein Dichterhaus genannt werden darf, ist dem Hofmaler und Kammerherrn Wilhelm von Kügelgen zu danken. Seine Bilder sind längst vergessen, aber die von ihm verfassten „Jugenderinnerungen eines alten Mannes" gelten als die wohl bekanntesten Memoiren der deutschen

Literatur des 19. Jahrhunderts. In den Jahren 1855–1865 geschrieben, erschienen die Erinnerungen erst 1870, nach dem Tode ihres Verfassers, und wurden bis in die jüngste Vergangenheit hinein immer wieder neu aufgelegt.

Von 1808 bis wenige Jahre nach dem gewaltsamen Tod seines Vaters (der Dresdner Maler und Akademieprofessor Gerhard von Kügelgen wurde 1820 das Opfer eines Raubmörders) lebte Wilhelm in jenem, später nach der Familie benannten Haus auf der heutigen Hauptstraße Nr. 13. In seinen Memoiren notiert er: „Wir Kinder durchrannten mit Geschrei die neuen Räume, und da das Gebäude sich im Viereck um den Hof zusammenschloß, war es ein Staatsvergnügen, so immer zu laufen und doch unfehlbar wieder am Ausgangspunkte anzulangen wie Weltumsegler". Hier, im Stadthaus der Familie begegnete der früh zum Künstler bestimmte Junge den „gelehrten oder literarischen Freunden der Familie". So dem Oberbibliothekar und Gellert-Schüler Karl Wilhelm Dassdorf (1750–1812), dem eng mit Eichendorff befreundeten Orientalisten und Poeten Heinrich von Loeben (1786–1825), der sich als Dichter Isidorus nannte, und den eher pragmatischen Köpfen Theodor Hell (1775–1856), der die als bedeutsamstes literarisches Blatt der ersten Jahrhunderthälfte gerühmte „Abendzeitung" herausgab, und Friedrich Kind (1768–1843), der das Libretto zu Webers „Freischütz" verfasst hatte. Den größten Eindruck aber hinterließ ohne Zweifel ein anderer Gast und Freund des Hauses, der alternde Johann Wolfgang von Goethe nämlich, der die Familie Kügelgen im April 1813 besuchte, um vom Fenster des Brelingschen Hauses aus dem Einzug des russischen Kaisers Alexander in Dresden zuzusehen.

„Ich hatte nichts von ihm gelesen!", schreibt Kügelgen, „und doch erschien er mir auf Autorität des Vaters hin wie eine Sonne, vor

Wilhelm von Kügelgen am Schreibtisch.
Ölgemälde von Georg Friedrich Kersting, 1811.

Wohnraum im Museum zur Dresdner Frühromantik.

deren Glanz jedwedes Gestirn verbleichen müsse.“ Wilhelm von Kügelgen, der sein Erinnerungsbuch abrupt mit dem Tod des Vaters enden lässt, zog im Herbst 1826 aus dem väterlichen Anwesen in ein neues und viel kleineres Heim „Vor dem Seetore in der Halben Gasse 412“.

Das Brelingsche Haus wurde nach einigen nicht immer vorteilhaften baulichen Veränderungen im 19. Jahrhundert und den von Bombern am 13. Februar 1945 verursachten schweren Beschädigungen zwischen 1979 und 1982 stilgerecht saniert. Seitdem beherbergt es das Museum zur Dresdner Frühromantik.

Dieses Museum präsentiert in neun Räumen des Kügelgenhauses Ausstellungen unter anderem zur Familie Christian Gottfried Körners, zum Künstlerkreis um den Maler Caspar David Friedrich, zu Denkern und Dichtern und zur Musik der Romantik in Dresden. Ein Raum ist dem Dramatiker Heinrich von Kleist und dessen Wirken während seines Dresden-Aufenthaltes 1807 bis 1809 gewidmet.

Das Wohnhaus Kraszewskis in der Nordstraße.
Der Schriftsteller lebte hier von 1873 bis 1879.

Polnische Streiche

Kraszewskis Gartenhaus an der Prießnitz

Mitte des neunzehnten Jahrhunderts war die Stadt Dresden, ihrer günstigen geografischen Lage wegen, zum bevorzugten Zufluchtsort osteuropäischer, im besonderen polnischer Emigranten geworden. Schon 1831, kurz nach der blutigen Niederschlagung des polnischen Novemberaufstandes, erreichte die „erste große polnische Emigrantenwelle" die Stadt: Politiker, Militärs, Künstler, Dichter und Publizisten wie Adam Mickiewicz, Kazimierz Brodziñski und Juliusz Slowacki nahmen in der Elbestadt Quartier. In seinem autobiografischen Buch „Schlaflose Nächte" schreibt Józef Ignacy Kraszewski, der „Vater des polnischen Romans": „Von der Wiege an war mir ein ständiger Ortswechsel bestimmt. Schon allein das ist charakteristisch, dass ich nicht in einem friedlichen heimischen Nest geboren wurde, unter dem väterlichen Strohdach, sondern das Licht der Welt unterwegs erblickte, als meine Eltern aus Angst vor Krieg und Unruhen im Jahre 1812 ihr Dorf verließen und nach Warschau flohen."

In einem Gasthof an der Warschauer Alexandria-Straße wurde Kraszewski am 28. Juli 1812 geboren. Als er 1862 mit mehr als 6000 polnischen Emigranten nach Sachsen kam, um der drohenden Deportation nach Sibirien zu entgehen, die ihm vom russischen Zaren angekündigt worden war, lagen Aufenthalte in Grodno, Wilna, Kiew, Odessa, Zytomierz und Warschau, ausgedehnte Reisen durch Frankreich, England, Italien und Belgien hinter dem auch außerhalb seiner polnischen Heimat bekannten Romancier, Publizisten, Maler und Historiker.

„Wenn mich nicht alles täuscht", erinnert sich Kraszewski später, „so musste ich allein in Dresden 11 oder 12 mal umziehen. Ich hatte ein Häuschen in Blasewitz, ein Haus auf der Pillnitzstraße, eine Druckerei auf der Ziegelstraße, und wenn ich die nicht zustande gekommenen Geschäfte nicht mitzähle, schließlich noch zwei Häuser auf der Nordstraße ..."

Im kleinen Gartenhaus Nordstraße 28 hat Kraszewski sieben Jahre, von 1873 bis 1879, gewohnt. Hier sind, neben Bildern, Korrespondenzen, Zeitschriftenartikeln und Pamphleten unter anderem die Romane „Eine alte Mär", „Gräfin Cosel" und „Brühl" sowie die historische Monografie „Polen zur Zeit der drei Teilungen" entstanden. Ungefähr 80 Bände mit Erzählungen, Romanen, Novellen, Komödien und Dramen soll der produktive Autor (sein Lebenswerk umfasst 600 Bände!) in Dresden verfasst haben, in einem Ort mithin, über den er zuweilen recht nachdenklich philosophiert: „Wer dieses Dresden kennt, seit 100 Jahren nun schon Zufluchtsort für so viele Polen ..., der wird es nicht anders als ein Spital oder einen Friedhof bezeichnen. Wenn sie auch in diesem Spital toben, umher tollen und polnische Streiche verüben – so kommt doch der größere Teil hierher, um sich innerlich zu erneuern, um endlich auszuatmen und zur Ruhe zu kommen – sogar zur ewigen."

Anders Kraszewski, dessen angespannte Aktivität, von vielen Zeitgenossen durchaus beargwöhnt, kaum je ins Stocken geriet. Kaum verwunderlich bei einem Tageslauf, wie ihn der polnische Biograf A. B. Brzostowski für die Dresdner Jahre als kennzeichnend beschreibt: „Er stand früh um acht auf und ließ sich nach der Morgentoilette pünktlich um halb neun zum Kaffee oder Tee nieder.

Józef Ignacy Kraszewski, „Vater des polnischen Romans". Marmorbüste von W. Brodzi, zu besichtigen im Kraszewski-Haus, Nordstraße 28.

Noch vor neun Uhr ging er in das dem Esszimmer benachbarte Zimmer hinüber, wo er Briefe las und Zeitschriften durchsah (er hielt sich in Dresden rund 60 Stück). Danach beantwortete er die gelesenen Briefe. Er antwortete immer am selben Tag, um keine Briefschulden anzuhäufen und um sich nicht in der Korrespondenz zu verlieren. Um elf machte er eine Pause, um Gäste zu empfangen (selten gab es einen Tag ohne Besucher), und nach ihrem Besuch, jedoch nicht später als um zwölf, wandte er sich erneut seiner Korrespondenz zu. Um vierzehn Uhr gab es Mittagessen (es bestand aus einer obligatorischen Bullion, einem Fleischgericht und einem Dessert), um fünfzehn Uhr begann ein einstündiger Spaziergang oder – bei schlechtem Wetter – eine Spazierfahrt mit der Kutsche. Nach dem Spaziergang brütete er für zwei weitere Stunden (zwischen sechzehn und achtzehn Uhr) über Zeitungen, Briefen, fremden Manuskripten (er erhielt viel Material von jungen Schriftstellern, die ihn um seine Meinung baten) und nahm Korrekturen an seinen eigenen Werken vor, wenn die Verleger sie ihm zurückgeschickt hatten. Um achtzehn Uhr unterbrach er diese Beschäftigungen. Um neunzehn Uhr setzte er sich zum abendlichen Tee nieder, wonach er sich in sein Zimmer im ersten Stock begab, um dort die obligatorische Öllampe zu entzünden und sich dem ‚eigentlichen' Schreiben zu widmen. Mit einer Gänsefeder (Stahlfedern benutzte er nie; ein Bündel entsprechend zugespitzter Gänsefedern bereitete er tagsüber vor) füllte er ohne Unterbrechung – in feiner, zügiger, aber leserlicher Schrift – Bogen um Bogen der auf dem Schreibtisch liegenden in octavo-Bögen. Er arbeitete bis eins oder halb zwei nachts. Am Morgen war ein Stoß beschriebener Blätter fertig."

1883 wird Kraszewski auf Betreiben der preußischen Regierung wegen geheimdienstlicher Tätigkeit des Hochverrats bezichtigt, zu

Festungshaft verurteilt, aber, seines schlechten Gesundheitszustandes wegen, bereits nach einem Jahr in die Schweiz abgeschoben. Am 19. März 1887 ist er in einem Genfer Hotelzimmer gestorben. Vor knapp vier Jahrzehnten schon als Museum eingerichtet und mit Ausstellungsstücken aus dem Fundus des Warschauer Mickiewicz-Museums versehen, zeigt das Haus Nordstraße 28 heute in zwei Abteilungen Exponate zum Leben und Schaffen Kraszewskis – Porträts, Bücher, Manuskripte, Briefe, Biedermeiermöbel, Porzellan, diverse Einrichtungsgegenstände. Darüber hinaus wird dem Wirken polnischer Emigranten in Dresden anhand von Fotografien, Illustrationen, Medaillen, Gemälden und Postkarten gedacht.

Hotel und Restaurant „Felsenburg", Gartenansicht.
Zeichnung für eine Postkarte, um 1900.

„Ein angenehm rauhes Musenquartier“

Die Künstlerherberge „Felsenburg“
und das Haus Robert-Koch-Straße 9

Walter Hasenclever, Erich Kästner, Oskar Kokoschka, Paul Kornfeld, Rudolf Leonhardt, Ivar von Lücken, Kurt Pinthus, Paul Westheim, Kurt Wolff ... Was sich liest wie die Mitgliederliste einer literarischen Vereinigung, ist in Wirklichkeit ein Auszug aus dem Trinkgeldbuch von Maria Riedrich, von 1917 bis 1919 Zimmermädchen des Hotels und Restaurants „Felsenburg“ am Rißweg 68 in Dresden-Loschwitz. Das vor 1880 erbaute, zur damaligen Zeit von Paul Nachtwey und seiner Frau Elisabetha – von den Stammgästen liebevoll „Mutter Nachtwey“ genannt – geführte Haus galt als preiswerte Künstlerherberge und verdankte viele seiner Gäste der Nähe zu Dr. Teuschers Sanatorium, in dem Nervenkrankheiten aller Art behandelt wurden. Das Sanatorium diente während des Ersten Weltkrieges als Lazarett und wurde zum Zufluchtsort für kriegsmüde Künstler.

Der Maler und Schriftsteller Oskar Kokoschka (1886–1980) bekam am 1. Dezember 1916 einen Platz im Sanatorium und bezog im folgenden Jahr, noch während seiner Behandlung, ein Zimmer in der „Felsenburg“. Der in Wien lebende Nervenarzt Alfred Adler hatte die Einweisung Kokoschkas empfohlen, der nach einer Kopfverwundung im Krieg an Gleichgewichtsstörungen litt. Kokoschka hoffte, hier vor den Militärs sicher zu sein; er habe Freunde unter den Ärzten, schrieb er an seine Mutter, „die mich so lange als möglich dort beschützen.“ Den Sommer 1917 verbrachte er in

Schweden, kehrte aber im November in die „Felsenburg" zurück. Kokoschka schrieb in dieser Zeit sein viertes Drama „Orpheus und Eurydike" und er schuf zahlreiche Gemälde, darunter einige Gruppen- und Einzelbilder, so „Die Auswanderer", das ihn mit Dr. Fritz Neuberger, seinem Arzt im Sanatorium, und der Schauspielerin Käthe Richter, zwei engen Vertrauten aus der „Felsenburg", zeigt. Porträts entstanden von Käthe Richter, Fritz Neuberger und Walter Hasenclever. Und schließlich „Die Freunde": gruppiert um einen Tisch der „Felsenburg" sitzend, gemeinsam mit dem Maler, wieder Neuberger und Käthe Richter, dazu der „heimatlos gewordene Bohemien" Ivar von Lücken, der bereits seit 1910 in der „Felsenburg" wohnte, Walter Hasenclever und das Zimmermädchen Maria Riedrich.

Walter Hasenclever (1890–1940), bedeutender Lyriker und Dramatiker des Expressionismus, weilte ebenfalls 1916 im Sanatorium. Hier vollzog sich die politische Wendung des Kriegsfreiwilligen von 1914 zum Pazifismus. Neuberger schrieb ihm ein Gutachten, welches ermöglichte, dass Hasenclever im Sanatorium bleiben und sich seiner schriftstellerischen Arbeit widmen konnte – gewohnt hat er zunächst in der „Felsenburg". Am 8. 10. 1916 wurde im Dresdner Albert-Theater das Drama „Der Sohn" erstmals in Deutschland aufgeführt, „vor geladenen Gästen: weil von der Zensur im ganzen deutschen Reiche verboten", wie er schrieb. Die Rolle des Sohnes spielte ein anderer Gast der „Felsenburg": der aus Prag stammende Schauspieler Ernst Deutsch, dem Hasenclever im gleichen Jahr das Gedicht „Der Schauspieler" widmete. Dem Freund Kokoschka vermittelte Hasenclever die Möglichkeit, seine Stücke „Mörder, Hoffnung der Frauen", „Der brennende Dornbusch" und „Hiob" im Albert-Theater aufzuführen. Kokoschka schenkte ihm dafür eine Fotografie mit der Widmung: „Walther Hasenclever-

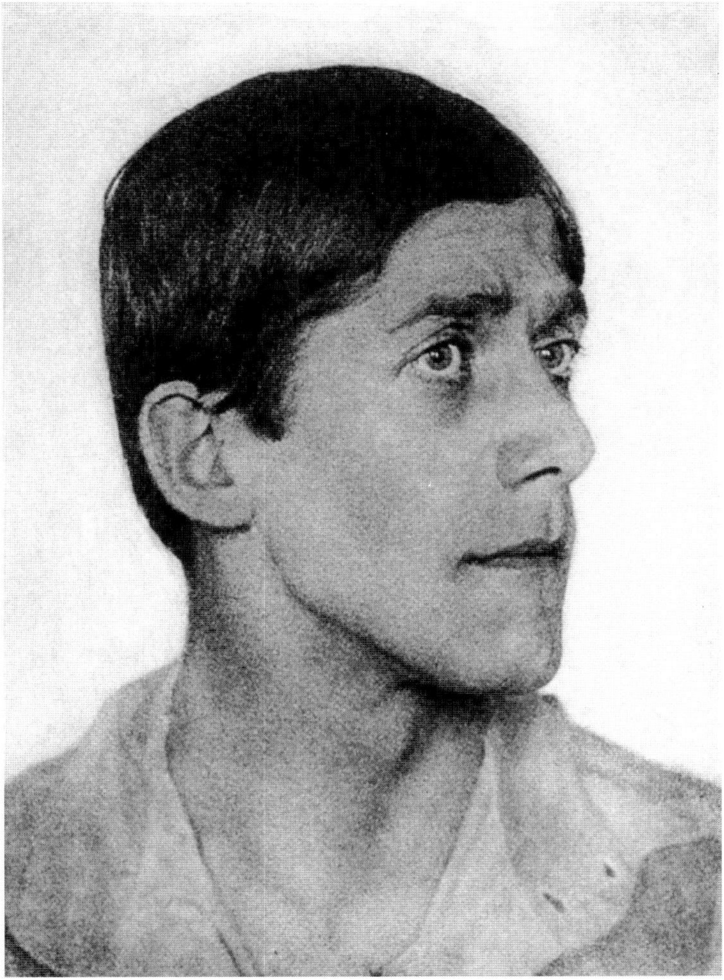

Oskar Kokoschka, Fotografie von Hugo Erfurth, 1922.

Der Dichter Walter Hasenclever, porträtiert von Oskar Kokoschka. Beide lebten 1916/17 in der Dresdner Felsenburg.

lein, soll Dir nicht vergessen sein, daß Du meine Stücke auf die Bühne gebracht hast. Dem Dichter der ‚Dichter'." 1916 entstand, wahrscheinlich zum großen Teil in der „Felsenburg", Hasenclevers Drama „Antigone". Der antike Stoff ermöglichte es, das in seiner Antikriegshaltung höchst politische Stück an der Zensur vorbei zur Aufführung in Leipzig zu bringen. 1917 erhielt Hasenclever für „Antigone" den Kleistpreis.

Aus den Gästen der „Felsenburg", zu denen zeitweilig auch der Schauspieler Heinrich George und der Prager Schriftsteller Hans Janowitz, Drehbuchautor von Fritz Langs „Das Kabinett des Dr. Caligari", gehörten, rekrutierte die im Herbst 1916 vom Dresdner Lyriker Franz Benndorf gegründete expressionistische Gruppe „Kolonie der 5%" ihre Mitglieder. In der „Felsenburg" lernte Kurt Pinthus den Buchhändler und Kommerzienrat Bettenhausen kennen, der mit 60 000 Mark die Herausgabe der „Menschheitsdämmerung" im Rowohlt-Verlag unterstützte.

Der Berliner Theaterkritiker und Schriftsteller Georg Zivier schrieb über die „Felsenburg": „Sie blieb ein angenehm rauhes Musenquartier, auch als Berlin die Dresdner Größen schon an sich gezogen hatte. Liebenswerte Mädchen von der Bühne, von der Wigman-Schule, auch aus den Kreisen des Dresdner Patriziats tauchten auf und tauchten unter, für ein paar Stunden, für ein paar Tage, auch für Wochen ... "

Walter Hasenclever blieb mit Unterbrechungen bis 1924 in Dresden und wohnte nach seiner Zeit in der „Felsenburg" mit der Schauspielerin Alice Verden im Vorort Strehlen, Robert-Koch-Straße 9. Die Wohnung im zweiten Stock des heute noch erhaltenen Mehrfamilienhauses war 1918 vom Schriftsteller und Verlagsbuchhändler Heinar Schilling (1894–1955) angemietet worden, der von hier aus zeitweilig den „Dresdner Verlag von 1917"

betrieb. In diesem wichtigsten der Dresdner expressionistischen Verlage erschienen bedeutende Bücher und Schriftenreihen, unter ihnen Erstausgaben von Jakob Haringer, Klabund, Walter Rheiner und Alfred Wolfenstein. Der Verlag edierte außerdem die Zeitschrift „Menschen“ – die Jahrgänge 1920 und 1921 unter der Herausgeberschaft von Walter Hasenclever, der seine Wohnung zu Redaktionsräumen der Zeitschrift machte. Das Dresdner Adressbuch nennt Walter Hasenclever von 1922 bis 1924 als Mieter in der Robert-Koch-Straße, wahrscheinlich aber wohnte er schon ab Herbst 1920 hier und arbeitete an seinem Lyrikband „Gedichte an Frauen“ und dem Stück „Gobseck“, das am 26. Januar 1922 zeitgleich in Köln, Meiningen, Frankfurt und, mit Erich Ponto als Gobseck, am Albert-Theater in Dresden uraufgeführt wurde.
Die „Felsenburg“, jahrzehntelang dem baulichen Verfall preisgegeben, wurde in den neunziger Jahren saniert und dient heute als Wohnhaus.

Die Felsenburg heute.

Das Festspielhaus Hellerau mit den tempelartigen Pavillons, um 1915.

Ein Zentrum an der Peripherie der Stadt

Das Festspielhaus Hellerau und seine Pensionshäuser

Erste Pläne, in der entstehenden Gartenstadt Hellerau eine musikalisch-rhythmische Unterrichtsanstalt nach den Methoden des Tanzpädagogen Emile Jaques-Dalcroze zu gründen, gab es bereits 1907. Wolf Dohrn, Mitinitiator der Gartenstadtgesellschaft, beauftragte nach mehreren Entwürfen den Architekten Heinrich Tessenow mit diesem Bau. Die Grundsteinlegung erfolgte am 22. April 1911. Es entstand ein spröder, unterkühlter Komplex mit neoklassizistischen Anklängen, der neben dem Festspielgebäude, dem Herzstück der Unterrichtsanstalt, aus einigen sich um einen Platz gruppierenden Gebäuden besteht, in denen Wohnungen für die Schüler und Schülerinnen der Schule untergebracht waren – die so genannten Pensionshäuser. Den Zugang des Platzes flankieren zwei tempelartige Pavillons.

Das Festspielhaus wurde mit seiner vielfältigen Nutzung schnell zum geistigen Zentrum der Gartenstadt. Einer der für die Literaturgeschichte wichtigen Höhepunkte war die deutsche Uraufführung des Stückes „Verkündigung“ des französischen Autors Paul Claudel am 5. Oktober 1913. Die Liste der Gäste dieser Aufführung liest sich wie das Who‘s who der damaligen literarischen Szene: Lou Andreas Salomé, Rudolf G. Binding, Franz Blei, Martin Buber, Gerhart Hauptmann, das Verlegerehepaar Anton und Katharina Kippenberg, Annette Kolb, Oskar Kokoschka, Else Lasker-Schüler, Alfons Paquet, Kurt Pinthus, Ernst Polak, Max Reinhardt, Rainer

Maria Rilke, Ernst Rowohlt, Franz Werfel, Kurt Wolff, Stefan Zweig …

Kulturelle Höhepunkte im Festspielhaus waren die jährlich stattfindenden Schulfeste, die bis zu zwei Wochen dauerten und Hellerau den Ruf eines Festspielortes einbrachten. Schon im Juli 1913 wurde Glucks „Orpheus und Eurydike" vor über 5 000 Besuchern aufgeführt. Die Pensionshäuser um das Festspielgebäude dienten zeitweise einigen Verlegern und Schriftstellern als Wohnung.

Bevor der Verleger Jakob Hegner (1882–1962), seit 1912 in Hellerau, 1919 ein Haus „Auf dem Sande" bezog, wohnte er in einem der Pensionshäuser an der linken Seite des Platzes. Er hatte hier den bedeutenden Hellerauer Verlag gegründet und war auch der Initiator jener legendären Claudel-Aufführung; den Text des Stückes hatte er selbst übersetzt. Hegner verlegte unter anderem Bücher von Franz Blei, Francis Jammes, Else Lasker-Schüler, Rainer Maria Rilke und Reinhold Schneider, zu seinem Freundeskreis gehörte Ernst Barlach – über manchen berühmten Besucher in Hegners Wohnung kann nur spekuliert werden, vieles dagegen lässt sich belegen. Nach Hegners Auszug wurde die Wohnung unter anderem ab 1926 von Friedrich Schnack (1888–1977) bewohnt, der 1923 als Journalist und Theaterkritiker nach Dresden gekommen war und sich nun als freier Schriftsteller niederließ. Im „kleinen Zimmer mit Ausblick auf den Platz der Tanzschule" hatte er schon Jahre vorher gesessen und, „während der Verleger und seine Frau abends ‚Die Zauberflöte' im Dresdner Opernhaus besuchten", an seinen Manuskripten gearbeitet. Jakob Hegner verlegte später vierzehn seiner Bücher. Schnack, der in Hellerau auch seine spätere Frau kennen lernte, veröffentlichte in einem Merian-Heft ein „Gedenkblatt für Hellerau", in dem er auch über einen Besuch von Theodor Däubler (1876–1934) – auch er Autor bei

Berthold Viertel

Otto Dix, Bildnis des Dichters Ivar von Lücken, 1926.

Hegner – berichtet: „Er war reich und ungehemmt wie eine Naturgewalt, und es hätte mich nicht gewundert, hätte er auf einem riesigen Muschelhorn zum Preis Poseidons und seiner Najaden geblasen. Ging er mächtigen Schrittes durch die kleinen Tessenow-Zimmer, begann alles zu klirren".

In einem der Pensionshäuser wohnte, vermittelt durch den aus Böhmen stammenden Schriftsteller und Feuilletonredakteur Camill Hoffmann, Berthold Viertel (1885–1953), der während seines Dresden-Aufenhaltes von 1918 bis 1922 als Regisseur am Schauspielhaus zweiundzwanzig Stücke inszenierte. Vier seiner Bücher erschienen in Hegners Verlag. In späteren Erinnerungen bezeichnete Viertel Hellerau als „Insel im Chaos, eine Gemeinschaft geistig Schaffender, eine lose Gesellschaft, in der es Dichter und Denker, soziale Utopisten, moderne Baumeister, Philosophen und Kritiker … gab." Viertel wohnte gemeinsam mit seiner Frau, der Schauspielerin Salka Viertel, in Hellerau. Hier kam 1920 ihr zweiter Sohn Peter zur Welt, der seine ersten Lebensjahre in Hellerau verbrachte und später in den USA ein erfolgreicher Roman- und Drehbuchautor (u. a. „Der alte Mann und das Meer" nach Hemingway) wurde.

„… im Kellergeschoß wohnte bettelarm, … lungenkrank, … von den meisten Erwachsenen verlacht, von uns Kindern geliebt … Ivar von Lücken", erinnert sich der Autor Peter de Mendelssohn an einen anderen Bewohner der Pensionshäuser. Ivar von Lücken (1874–1940), einer mecklenburgischen Adelsfamilie entstammend, galt als echter Bohemien. Albert Ehrenstein nannte ihn den „Dresdner Peter Altenberg". Er gab gegen Naturalien Spanischunterricht, übersetzte Calderon und Cervantes und schrieb Gedichte. „Wir Kinder schlichen uns bebenden Herzens … vor des Dichters Kellerfenster und lauschten …, wenn er drinnen … auf und ab ging und … seine Verse rezitierte … Bemerkte er uns am Fenster, so wandte er sich brüsk ab und donnerte uns seine Strophen entgegen, so daß wir schaudernd-ergriffen davonstoben" (Peter de Mendelssohn). Otto Dix, Oskar Kokoschka, Lasar Segall, Conrad Felixmüller und andere schufen Bildnisse Ivar von Lückens.

In den ersten Jahrzehnten des vergangenen Jahrhunderts lebten weitere Autoren in der Gartenstadt, so Paul Adler und Georg Bernhard Shaw oder Upton Sinclair, Edwin Muir und viele andere. Ende Juni 1914 besuchte Franz Kafka Hellerau und besichtigte auch das Festspielhaus.

Die Glanzzeit des Festspielhauses endete 1925, als die Leitung der „Schule für Rhythmus, Musik und Körperbildung", enttäuscht vom kulturellen und geistigen Klima der Nachkriegszeit, beschloss, ihren Sitz in das Schloss Laxenberg bei Wien zu verlegen. Zunächst wurden die Gebäude als Werkstätten genutzt, bevor sie ab 1937 der Reichspolizei, später auch SS und SA als Kaserne dienten. Von 1945 bis 1992 war im Gebäude ein Lazarett für russische Soldaten untergebracht. Heute wird der Komplex wieder kulturell genutzt.

Großer Saal im Festspielhaus, Frühjahr 1996.

Der Waldhof bei Dresden, Wohnsitz von Carl und Thea Sternheim 1922–24. Tuschfederzeichnung von Conrad Felixmüller, 1923.

Ausblick auf endlosen Horizont

Carl und Thea Sternheim auf Gut Waldhof

Geradewegs verliebt in die prächtige Ulanenuniform seiner Jugend soll der überzeugte Kriegsgegner Sternheim gewesen sein und von geckenhaftem Stolz darauf, dass seine Anzüge in London, die Hemden in Paris und die Schuhe in Berlin für ihn gefertigt wurden, erinnert sich der Verleger Kurt Wolff an den prominenten Dramatiker. Dessen widersprüchliche Persönlichkeit ließ ihn seinen Bewunderern als „Grandseigneur" der deutschen Literatur erscheinen, einigen Kritikern aber als größenwahnsinnigen „kleinen Karl". Er, der in seinen besten Komödien mitleidlos kalt das plüschene „Heldendasein" des satten Bürgers karikierte, „verkörperte den bürgerlichen Parvenu in seltener Reinkultur".

Lange bevor der neben Gerhart Hauptmann und Bert Brecht wohl populärste deutsche Dramatiker des vergangenen Jahrhunderts sich mit seiner Familie für wenige Jahre auf dem nahe Dresden gelegenen „Waldhof", einem durchaus herrschaftlichen Anwesen, niederließ, hatte es bereits mannigfaltige Kontakte mit Dresden gegeben. Mehrfach besuchte der 1878 in Leipzig geborene Schriftsteller die sächsische Residenz- und Theaterstadt. Im Verlag E. Pierson (Dresden und Leipzig) waren 1901 als erste Sternheimsche Buchveröffentlichungen der Gedichtband „Fanale!" und das Trauerspiel „Judas Ischariot" erschienen, und am 7. Januar 1902 gelangte sein frühes Theaterstück „Auf Krugsdorf", allerdings mit nur mäßigem Erfolg, zur Uraufführung am Königlichen

Schauspielhaus der Stadt. Zwei Jahre darauf, am 15. und 16. September 1904, machte Sternheim im Hotel Weber am Postplatz Quartier, um der Dresdner Intendanz sein Stück „Ulrich und Brigitte" anzubieten, und während eines mehrwöchigen Sanatoriumsaufenthalts in Schandau fuhr er hin und wieder zu Theater- und Opernaufführungen in die Elbestadt. Am 18. August 1915 schließlich traf er mit dem bekannten Dramaturgen Felix Hollaender im Hotel Bellevue zusammen, um über eine Aufführung des Dramas „Das leidende Weib" zu verhandeln. Erfolglos übrigens. Auch die Ehefrau des Dichters, Thea Sternheim, kannte Dresden von einem Kuraufenthalt in Lahmanns Sanatorium auf dem Weißen Hirsch im Oktober 1908.

1922 entschloss sich das Ehepaar, das die letzten Jahre im schweizerischen Uttwil am Bodensee gelebt hatte, nach Deutschland zurückzukehren. München und Baden-Baden waren als Wohnorte in Erwägung gezogen worden. Aber man entschied sich, möglicherweise beeinflusst von dem seit Januar 1922 mit den Sternheims freundschaftlich verbundenen Maler Conrad Felixmüller, der in Klotzsche wohnte, für ein Anwesen am Rand der Dresdner Heide, das Sternheims Vorstellungen („Ich träume: ein Haus … Wald, 15 km von einer großen lebhaften Stadt") entgegenkam.

Der „Waldhof", ein Anwesen mit über 300-jähriger aktenmäßig belegter Geschichte, verdankt seine Gründung dem Landmesser Balthasar Zimmermann, der im Jahre 1625 seinen Landesherrn um „Überlassung einer an der Wilschdorfer und Boxdorfer Flur gelegenen Weinbergstedte" gebeten hatte. Rentkammerverwalter, Rentereisekretäre, Kanzlisten, Doktoren, Steuereinnehmer, Pfarrer, Königliche Kontrolleure, Kammersänger und Kammerherren bewohnten bis in das 20. Jahrhundert hinein das „weitausschauende Schlößchen".

Carl Sternheim. Holzschnitt von Conrad Felixmüller, 1925.

1903 schwang sich der Bildhauer Peter Henseler zum Herrn des alten romantischen Geländes auf, von dem Thea Sternheim, seit dem Tode ihres Vaters im Besitz eines beträchtlichen Vermögens, im Sommer 1922 das Landgut übernahm. Monate zuvor hatte sie in ihrem Tagebuch notiert: „Die verschiedenen Eindrücke vom äußeren Haus und seiner Lage waren entzückend. Landschaft, wie ich sie liebe: zwischen Feldern, zwischen Wäldern – mit Ausblick auf endlosen Horizont." Die Gebäude wurden teilweise erneuert und durch terrassenartige Anbauten erweitert. In den Erinnerungen Conrad Felixmüllers heißt es: „Das Haus – angeblich von August dem Starken für eine seiner Geliebten erbaut – wurde von Grund auf erneuert. Um- und Anbauten, welche im Laufe von zweihundert Jahren das Äußere und Innere eng und unschön hatten werden lassen, wurden abgerissen, und bald glänzte das Schlößchen in zartrosa mit weiß abgesetzten Tür- und Fenstergewänden. Der riesige Park, der von einer hohen Steinmauer umschlossen war, wurde ausgelichtet – ‚allein vom Gewinn dieses Holzes macht sich der Kauf des Ganzen bezahlt', strahlte Sternheim. Die Gärtnerei mit großer Obstwiese kam in Ordnung, ebenso die Remise für den Schimmel und den Dogcart. In die hellen Räume … wurden Möbel, die Bibliothek und die Bilder gebracht. Am Ende eines großen Tisches, der von einer Marmorplastik Géricaults (ein Liebespaar in gewagter Szene) geschmückt war, befand sich der Arbeitsplatz Sternheims …"
Freilich sind an diesem von Felixmüller beschriebenen Arbeitsplatz nur noch wenige literarisch bedeutsame Werke entstanden, lag doch die fruchtbarste Schaffensperiode des Dichters, während der die glänzenden Komödien „Die Hose", „Die Kassette", „Bürger Schippel" und „Der Snob" vollendet und erfolgreich aufgeführt worden waren, schon mehr als ein Jahrzehnt zurück. Im Waldhof

Carl Sternheim. Fotografie von Thea Sternheim, 1916.

schrieb Sternheim, der ein unstetes Reiseleben zwischen Dresden, Uttwil, München und Berlin führte, zahlreiche Artikel und Pamphlete für Zeitschriften und arbeitete vorrangig an zwei größeren Werken: am Essay „Legende von Vincent und Paul" (Januar bis Mai 1923), der später als Buchausgabe unter dem Titel „Gauguin und van Gogh" erschien, und dem Schauspiel „Oscar Wilde. Sein Drama" (April bis Oktober 1924). Auch fällt die erste eigenständige Regiearbeit des Dramatikers in seine Dresdner Zeit. Am 16. Oktober 1923 hatte in seiner Inszenierung „Die Hose" Premiere am von Walter Hasenclever geleiteten experimentierfreudigen Neuen Theater Dresden. In einem Brief schreibt Thea Sternheim über die Aufführung: „... und die sonst nicht grade temperamentvollen Dresdner geraten durch das Tempo und der ihnen zweifellos ungewohnten Schärfe (der Inszenierung) in eine Erregung, die sich bei den Aktschlüssen zu stürmischen Kundgebungen ins Für und Wider löst. Also Pfeifen, Geschrei, Haut den Juden tot!, Pfui, Pfui, Bravo Sternheim!"
Neben Conrad Felixmüller, der seinen Freund Sternheim porträtierte, war vor allem der Berliner Publizist Franz Pfemfert (1879–1954), der Herausgeber der expressionistischen Zeitschrift „Die Aktion", in der Sternheim gelegentlich veröffentlichte, häufiger und gern gesehener Gast auf dem doch recht einsam gelegenen Waldhof; ebenso der sozialistische Schriftsteller Otto Rühle (1874–1943), der mit seiner Frau, der Kritikerin und Journalistin Alice Rühle-Gerstel (1884–1943) aus dem benachbarten Buchholz-Friedewald herüberkam.Prominentester Gast des Hauses aber war der mit Carl Sternheim seit vielen Jahren kameradschaftlich verbundene Heinrich Mann (1871–1950), der am 12. August 1923 gemeinsam mit dem Schriftsteller und Übersetzer Wilhelm Herzog (1884–1960) seinen von ihm hoch geschätzten Kollegen besuchte.

Wenige Monate nach dem Einzug in den anfangs als so heiter empfundenen Waldhof vermerkte Thea Sternheim im Tagebuch: „Mit jedem Tage verstehe ich es besser: Die Lage des Anwesens, so schön sie sein mag, ist weit von den anheimelnden Gegebenheiten Uttwils entfernt … Man muß, zum hiesigen Haus zu gelangen, durch einen einsamen Wald. Diesen Wald nach Dunkelwerden allein zu durchqueren oder die Kinder in ihm zu wissen, kommt nur für den Fall der Not in Betracht. Leider bin ich nicht allein, den Wechsel mißlich zu empfinden. Auch die Kinder, von jedem Spiel mit Gleichaltrigen abgeschnitten, büßen ihren Frohsinn ein. Alsbald gesteht Carl, in Waldhof mühselig zu arbeiten." Im Oktober 1924 ziehen die Sternheims nach Uttwil zurück.

Das Haus zu veräußern erwies sich als unproblematisch, denn „Reflektanten auf Waldhof sind zahlreich". Den Zuschlag erhielt im Dezember 1924 schließlich die Sächsische Landesversicherungsanstalt, die im Hauptgebäude ein Erholungsheim für lungenkranke Kinder einrichten ließ, das nach 1945 vom Gesundheitswesen der DDR übernommen wurde. Später verfiel das Anwesen. Seit 1998 wird das Waldhofgelände zum mehrere Eigenheime umfassenden Wohngut ausgebaut.

Blick in das Erich-Kästner-Museum in der „Villa Augustin".

Ein Kind der Königsbrücker Straße

Erich Kästner in der Dresdner Neustadt

Im Jahre 1895 zog der junge Sattlermeister Emil Kästner aus Döbeln mit seiner Ehefrau Ida nach Dresden. Weil er zwar ein „Lebenskünstler, aber ein schlechter Geschäftsmann" gewesen war und weil überall in Deutschland die „Kofferfabriken die Sattler besiegten", musste er seine sauer ersparte und erpumpte eigene Werkstatt, in der er mit viel Geschick Reitstiefel, Satteltaschen, Pferdepeitschen in vorzüglicher Qualität angefertigt hatte, aufgeben.

In der Großstadt Dresden fand er eine als erniedrigend empfundene Arbeit beim Kofferfabrikanten Lippold auf der Trinitatisstraße. „Samstag brachte er die Lohntüte heim. Neue Anschaffungen, alte Schulden, das Geld reichte nicht." Also entschloss sich seine resolute und lebenstüchtige Frau Ida, für jämmerlichen Stücklohn in Heimarbeit Leibbinden für dicke Frauen zu nähen, eine Tätigkeit, die sie wenige Jahre später unterbrach, um „ganz für umsonst Babywäsche" zu nähen, und am „23. Februar 1899, morgens gegen vier Uhr, nach fast siebenjähriger Ehe, brachte sie, in der Königsbrücker Straße 66, einen kleinen Jungen zur Welt", dem sie den Namen Erich gab. Von Stund an tat Ida Kästner, die den Verlust des kleinen Sattlerbetriebes und des Renommees einer bodenständigen Handwerkerfamilie als sozialen Niedergang begriffen hatte, voller Tatkraft und unbändigem Ehrgeiz alles, um ihrem Sohn den „Wiederaufstieg" in die Mittelschicht zu ermög-

lichen. Klug sollte er werden, fleißig, strebsam und gebildet. Volksschullehrer vielleicht …
Dass ihr Sohn Erich einmal Bücher nicht nur eifrig lesen und rekapitulieren, sondern selber schreiben sollte, lag allerdings völlig außerhalb ihrer Vorstellungen. „Ihr Ideal war handgreiflicher. Ihr Ziel lag in der Ferne, doch nicht in den Wolken … All ihre Liebe und Phantasie, ihren ganzen Fleiß, jede Minute und jeden Gedanken, ihre gesamte Existenz setzte sie, fanatisch wie ein besessener Spieler, auf eine einzige Karte, auf mich. Ihr Einsatz hieß: ihr Leben, mit Haut und Haar! Die Spielkarte war ich. Deshalb mußte ich gewinnen. Deshalb durfte ich sie nicht enttäuschen. Deshalb wurde ich der beste Schüler und der bravste Sohn“, schreibt der berühmte Erich ein paar Jahrzehnte später in seinem Büchlein „Als ich ein kleiner Junge war“.
Die ersten beiden Jahrzehnte seines Lebens als Musterschüler und braver Sohn verbrachte Erich Kästner in den Mietshäusern 66, 48 und 38 der Königsbrücker Straße, zwischen dem Kasernenviertel im Norden und dem Albertplatz im Süden der Dresdner Neustadt. In seinem schon erwähnten autobiografischen Buch, das er in einer saloppen Vorbemerkung „Erinnerungen für Kinder und Nichtkinder“ nennt, fasst er jene Zeit so zusammen: „Geboren wurde ich in einer vierten Etage. In der 48 wohnten wir im dritten und in der 38 im zweiten Stock. Wir zogen tiefer, weil es mit uns bergauf ging. Wir näherten uns den Häusern mit den Vorgärten, ohne sie zu erreichen.“
Zum Haus mit Vorgarten, zur protzigen Villa sogar, hatte es allerdings Onkel Franz, der erfolgreiche Pferdehändler von der Hechtstraße, gebracht. Er erwarb das später nach seiner Familie „Villa Augustin“ genannte Haus auf der Antonstraße 1, samt Park, Remise, Treibhaus und Kutscherquartier – nur wenige Gehminuten von

Erich Kästner mit seinen Eltern Ida und Erich 1946 auf dem „Luisenhof" in Dresden.

der Kästnerschen Mietwohnung entfernt. „Bei schönem Wetter kam ich schon nachmittags. Der Onkel saß in irgendeinem Schnellzug. Die Tante schrieb hinter ihrem Schreibtisch in der Hechtstraße Rechnungen und Quittungen. Dora, die Kusine, war bei einer Schulfreundin eingeladen. Und so gehörten Haus und Garten mir", erinnert sich Erich Kästner, der die Gartenmauer des Anwesens zu seinem Lieblingsplatz erkoren hatte, von dem aus er das quirlige Leben und Treiben auf dem von Brunnen umstandenen Albertplatz beobachtete, den Automobile, Straßenbahnen und Passanten kreuzten.

Müßig, die Frage zu stellen, ob Erich Kästner schon auf der „Königsbrücker", auf der Gartenmauer des Millionärsonkels, zum Dichter geworden war. Selbstverständlich, werden die findigen Archivare verlauten lassen, die Kästners unlängst entdeckte, jugendlich-frühen Reimereien im „Fletcheranerboten" von 1915, einem Schülerblatt, zur literarischen Sensation erklären. Andere wiederum mögen auf die Theaterzeitschrift „Zwinger" verweisen, die 1920 das Lobgedicht „Auf einen Schauspieler" des mittlerweile vom Goldenen Stipendium der Stadt Dresden in Leipzig lebenden Studenten veröffentlichte. Wichtiger und wesentlich interessanter aber scheint, dass so manches von dem, was Kästner als kleiner Junge und Heranwachsender in der Dresdner Neustadt, zwischen Bürgerschule, Lehrerseminar, Gymnasium, Turnverein und Exerzierplatz auf der Königsbrücker und ihren Nebenstraßen, in der Anton- und der Alberstadt, erlebt und auch (wovon er sehr selten spricht) erlitten hat, seine literarische Ausformung nicht nur in dem Band „Als ich ein kleiner Junge war" erfuhr, sondern darüber hinaus in zahlreichen Geschichten für Kinder – man denke nur an Konrad in „Der 35. Mai ...", der von der Rothenburger Straße aus geradewegs in die Südsee reitet –, an den Roman „Fabian", dessen schwimmuntüchtiger Held von der Brücke in die Elbe springt, um einen Ertrinkenden zu retten, oder an die Gestalt des Sergeant Waurich im gleichnamigen Gedicht.

Am Geburtshaus Erich Kästners, Königsbrücker Straße 66, ist eine schlichte Gedenktafel angebracht. Ein kurioses Denkmal (des Dichters Hut auf einem Bücherstapel nebst Whisky-Glas) findet

„Villa Augustin" – das Haus des reichen Onkel Franz am Albertplatz.

sich vor dem Café Kästner, Ecke Alaunstraße. Die „Villa Augustin" am Albertplatz befindet sich im Besitz der Deutschen Krankenversicherung AG und beherbergt seit geraumer Zeit das interaktive Erich-Kästner-Museum, in dem Reiseschreibmaschine, Anzug und Hut, Originalbriefe und jede Menge Kästner-Bücher, Erstausgaben, CDs, Videos und Tonkassetten ein schlüssiges Bild des wohl bekanntesten und beliebtesten Dresdner Schriftstellers zu vermitteln suchen.

Das Haus in Dölzschen, Am Kirschberg 19, in dem Eva und Victor Klemperer seit dem 1. 10. 1934 wohnten.

„Das Ganze macht einen respektierlichen Eindruck“

Victor Klemperers Haus Am Kirschberg

„Mein Eindruck wechselte täglich: Bald meine ich, ein Hundebudchen vor mir zu haben, bald sieht die Sache reputierlicher aus“, notiert der 1881 in Landsberg/Warthe geborene Romanist Victor Klemperer am 1. September 1934 in sein Tagebuch. Und drei Tage später, zum Richtfest des Hauses am Kirschberg 19, heißt es: „Schön geworden ist es, und das Ganze macht nun einen durchaus respektierlichen Eindruck ... Dann las der lange, lebhafte Zimmermann eine Klischeeansprache vor, dann redete der Polier stockend einen ernsthaften Dank und Worte über das Holzbauhandwerk ... schließlich zu meinem Erstaunen Eva. Fließend und geistvoll. Beziehungen zum Dreißgjährigen Krieg. Ihre nordischen Ahnen im Holzhaus, mit Gustav Adolf nach Deutschland gekommen. Wenn wir eine schwedische Holzladung auf dem Deck der Frachtdampfer sahen, dachte sie immer: ‚Da schwimmt mein Haus.‘“

Das Haus schwimmt, doch über der See braut sich ein Unwetter zusammen, vor dem den Juden Victor Klemperer auch kein nordisches Holzhaus zu retten vermag. Das Haus, auf Betreiben seiner Frau Eva und trotz finanzieller Schwierigkeiten im Vorort Dölzschen gebaut, sollte für Klemperer mehr als eine Unterkunft sein, ein Fluchtpunkt in einer Zeit der Bedrohung, der Schmach und der Unsicherheit. Doch schon während der Bauzeit hatten sich immer wieder Zweifel geregt. „Unser ‚Acker‘ soll jetzt seinen

Zaun erhalten, wir haben sieben Kirschbäume bestellt und zehn Stachelbeersträucher. Ich zwinge mich so leidenschaftlich zu tun, als ob ich an den Hausbau glaube, daß ich mir auf Couésche Art ein bißchen Glauben einzwinge und derart Evas Stimmung zu stützen vermag" (10. 4. 33). Beide, Eva und Victor Klemperer, sind gesundheitlich angeschlagen, doch „ohne den Bau", weiß er, „schleppe ich Eva nicht mehr lange durchs Leben". Also verhandelt der fast Fünfzigjährige mit Banken, bis er, wie er sarkastisch bemerkt, „Baugeld durch den Führer" bekommt. Also streitet er mit den Behörden, die „deutsche Häuser" verlangen, keine „undeutschen Flachdächer". Immer wieder gibt er im Tagebuch Auskunft über Fortschrittte und Schwierigkeiten des Baus. Das Haus als Refugium, irgendwann ist es geschafft – „hübsch und der Fernblick in der wechselnden Beleuchtung der Herbststürme, -güsse, -sonnenspiele prachtvoll." Vor dem furchtbaren Sturm schützen, der ihn im Mai 1935 aus der Universität fegt, kann auch dieses Haus Klemperer nicht.

Im September 1936 erhält Klemperer ein Schreiben des Bürgermeisters von Dölzschen, der ihn auffordert, die Verunkrautung seines Gartens zu beseitigen, die „noch die gesamten Nachbar-Grundstücke gefährdet" und am Erntedankfest ein „öffentliches Ärgernis" zu werden droht. Vorgeplänkel und doch auch Metapher für die geistige Stimmung im Land, die sich auch in Dresden unverhohlen Luft macht: „Die Juden sind unser Unglück". Die Nachbarschaft, das ist längst die Adolf-Hitler-, die Hermann-Göring-, die Horst-Wessel-Straße. Und dennoch, ein bisschen Freiheitsgefühl bringt dieses Haus, vor allem für Eva, während Victor von einem eigenen Auto träumt, das „soll uns ein Stück Leben und die Welt wiedergeben." Im Januar 1936 erhält er die Fahrerlaubnis, im März wird ein Auto gekauft. Das Haus soll eine Garage erhalten, wieder

Eva und Victor Klemperer vor ihrem Haus.

gibt es Probleme bei der Genehmigung. Der Bürgermeister lässt ausrichten, dass Klemperer hier nur Gast sei und er Lust hätte, ihn in Schutzhaft zu nehmen. Schließlich wird die Terrasse für den „Bock", wie Klemperer sein Auto nennt, unterkellert. Der Enge der Vorschriften, den Demütigungen entkommen können die Klemperers nicht. Im Januar 1940 legen SA-Beamte ihnen die Vermietung des Hauses nahe, zum 1. Juni muss Klemperer es an den „Krämer Berger" vermieten, mit einem von der Kreisleitung der NSDAP aufgezwungenen Vertrag, der „so sehr Erpressung und Instrument künftiger Schikane (ist), daß wir das Haus gleich verkaufen wollten". Im Mai schließlich erfolgt die Zwangsumsiedlung in das „Judenhaus" Caspar-David-Friedrich-Straße, eine Villa „gepfropft voll mit Leuten, die alle das gleiche Schicksal haben". Dem Schicksal der meisten Bewohner dieses Hauses kann Klemperer, dank der Ehe mit einer „arischen" Frau, entgehen.

1950 kehrt Victor Klemperer wieder in das Haus Am Kirschberg zurück, im darauf folgenden Sommer stirbt Eva Klemperer. Victor bewohnt das Haus, unterbrochen durch Reisen und längere Studienaufenthalte, bis zu seinem Tod 1960.

Als Dozent und Verfasser zahlreicher Schriften zur französischen Literatur genoss Victor Klemperer vor allem in den zwanziger Jahren in Universitätskreisen einen hervorragenden Ruf. 1947 erschien sein inzwischen mehrfach wieder aufgelegtes Buch „LTI. Lingua Tertii Imperii", eine entlarvende Analyse zum Zusammenhang von Sprache und Totalitarismus, durch das er auch breiteren Leserkreisen bekannt wurde. Seine ab 1995 in mehreren Bänden veröffentlichten Tagebücher, für die ihm postum der Geschwister-Scholl-Preis verliehen wurde, zählen zu den wichtigsten Dokumenten über den alltäglichen Terror und die Entrechtung und Verfolgung der Juden in der Zeit des Nationalsozialismus.

Das Haus in Dölzschen heute.

Das Haus Am Kirschberg wird bis heute als Wohnhaus genutzt. Die Original-Tagebücher, teils maschinen-, teils handschriftliche Blätter mit einem Umfang von etwa 5000 Typoskriptseiten, werden in der Sächsischen Landesbibliothek – Staats- und Universitätsbibliothek Dresden aufbewahrt.

Nexös Wohnhaus in der Collenbuschstraße 4 auf dem Weißen Hirsch. Der Autor verbrachte hier seine letzten Lebensjahre.

Holzschuhtanz auf dem Parnaß

Martin Andersen Nexö auf dem Weißen Hirsch

Im Mai 1953 schreibt der dänische Dichter Martin Andersen Nexö rückblickend in einem Brief: „Meine erste Deutschlandreise in den jungen Jahren galt Dresden, und seitdem habe ich oft die Stadt besucht, habe öfters hier gesprochen und einen großen und wachen Hörerkreis vorgefunden. Hier hatte ich auch als junger Schriftsteller meine ersten deutschen Verleger."

Anlass des auf der Rückseite eines Manuskriptblattes mit der Tauchfeder geschriebenen Briefes, gerichtet an den Dresdner Oberbürgermeister Weidauer, war die Verleihung der Ehrenbürgerschaft der Stadt an den international weithin geschätzten Schriftsteller, der in Dresden die letzten Jahre seines Lebens verbrachte.

Tatsächlich hatte der Autor, dessen naturalistische Novelle „Der Lotterieschwede" seit ihrem Erscheinen 1898 nicht nur bei skandinavischen Lesern Furore machte, bereits 1903 das Dresdner Verlagshaus Moewig & Höffner aufgesucht, das 1902 die erste autorisierte deutsche Übersetzung des Romans „Sühne" herausgebracht hatte. Bei gleicher Gelegenheit war mit Max Fischers Verlagsbuchhandlung eine so genannte „Warenhaus-Ausgabe" desselben Werkes vereinbart worden. Weder der seriösen noch der Billigausgabe sollten größere Erfolge beschieden sein. Mit den großartigen Milieuromanen „Pelle der Eroberer" und vor allem „Ditte Menschenkind" aber gelangen dem aus einfachsten Verhältnissen kommenden Autodidakten, der seine berufliche Laufbahn als Hütejunge,

Stallknecht, Schuster und Volksschullehrer begonnen hatte, zwei Werke von weltliterarischem Rang.

„Man wird wohl demnächst einen Holzschuhtanz auf dem Parnaß zu gegenwärtigen haben", argwöhnte naserümpfend Nexös Landsmann, der Kritiker und Erzähler Hermann Bang, während andere einen neuen Gorki aus dem Volk auferstehen sahen. Die Reisefreudigkeit des dänischen Romanciers und Dichters – er besuchte Italien, Spanien, Deutschland, später mehrfach die Sowjetunion – entsprang keineswegs Abenteuerlust. Sie war wohl eher dem „geistigen und geographischen Klima" seines Heimatlandes geschuldet und ganz sicher auch der Tatsache, dass man ihm in Kopenhagen, da er sich an keinem der tonangebenden Intellektuellenzirkel und Dichterkreise beteiligte, wie nirgends sonst in Europa mit deutlicher Herablassung begegnete, war es ihm doch nie in den Sinn gekommen, seine Herkunft zu verleugnen. „Ich gehörte selbst zu den unschuldig Ausgestoßenen, die den Reihen der Lebenssklaven eingekoppelt werden, deren verfluchtes Los es ist, einigen wenigen Auserwählten die Erde zu einem angenehmen Aufenthaltsort zu machen."

Von 1922 bis 1930 lebte Nexö in Baden-Baden und später mit seiner dritten Ehefrau, der Karlsruherin Johanna May, in Allensbach am Bodensee, wo er neben seiner schriftstellerischen Arbeit unter anderem glücklos versuchte, mit dem Konstanzer Verleger Oskar Wöhrle, der mehrere seiner Werke befördert hatte, einen internationalen Arbeiter-Verlag aufzubauen. Deutschlandweite Vortrags- und Lesereisen während dieser Zeit führten Nexö auch mehrfach in die Elbestadt. 1930 kehrte er nach Dänemark zurück, wo er 1941 von den deutschen Besatzern inhaftiert wurde, bis ihm 1943 die Flucht nach Schweden und später in die Sowjetunion gelang. Jahre später und nach weiteren monatelangen Aufenthalten (1949 und

Martin Andersen Nexö, dänischer Romancier, Autor der Romane „Ditte Menschenkind“ und „Pelle der Eroberer“.

1950) in Sachsen bestimmte Nexö ab 1951 endgültig Dresden zu seinem Wohnsitz. Zunächst im nahen Radebeul, auf dem Professor-Wilhelm-Ring einquartiert, bezog der Dichter mit Frau und Tochter 1952 als Mieter ein 1933/34 ein vom Dresdner Stadtrechtrat Dr. Herbert Teuscher erbautes, unauffälliges Einfamilienhaus mit Gartengrundstück auf dem Weißen Hirsch, Collenbuschstraße 4, das sich im Laufe der kommenden Monate zum regen und viel besuchten literarischen Zentrum prominenter und weniger prominenter Zeitgenossen entwickelte. Aus Berlin kamen der Romancier Arnold Zweig, der Dichter Johannes R. Becher, der Erzähler Ludwig Renn, und regelmäßig stellten sich zahlreiche Dresdner Schriftsteller im Hause ein, deren Verband als Ehrenmitglied beizutreten Nexö dem Vernehmen nach abgelehnt haben soll mit den Worten: „Ehrenmitglied? Nein! Mitglied ja, einfaches Mitglied werde ich gerne, wenn Sie mich nehmen."
Trotz angegriffener Gesundheit, mehrere Monate hatte der mittlerweile Dreiundachtzigjährige in Krankenhäusern und Sanatorien zubringen müssen, setzte Nexö sein literarisches Werk fort, obwohl er doch, was er immer wieder zu betonen wusste, den Schreibtisch hasste und angeblich keine schöneren Tätigkeiten kannte, als eine seiner zehn Pfeifen zu rauchen oder im Garten zu pflanzen. „Ich kannte und kenne keine angenehmere Beschäftigung, als Gärten anzulegen", soll er seinem Nachbarn und Schriftstellerkollegen Max Zimmering mehrfach versichert haben.
In mühseliger, immer wieder unterbrochener Tätigkeit entstand das letztendlich zum Fragment bestimmte Buch „Jeanette", das dem dritten Teil des großen, autobiografisch gefärbten Romanwerks „Morten der Rote" zugehören sollte, und auch die geplante Ausgabe seiner gesammelten Reiseschilderungen konnte von dem alternden Dichter noch tatkräftig befördert werden. Aber: „Mit

Das Dichterhaus heute.

Morten III hat es lange Aussichten, IV habe ich halbwegs aufgegeben …“, schrieb Nexö entmutigt am 18. 7. 1953 an seinen Biografen, den Schriftsteller Franz Hammer.
Am 1. Juni 1954 erlag Martin Andersen Nexö einer Gehirnblutung. Von 1958 bis 1990 befand sich im Sterbehaus des Dichters auf der Collenbuschstraße ein sehenswertes und viel besuchtes Literaturmuseum. Heute werden Haus und Grundstück privat genutzt.

Service

Schillerhäuschen:
Schillerstraße 19, 01326 Dresden, Mai bis Oktober,
Sa. und So. 13 bis 17 Uhr,
Telefon 0351/49 86 60. E-Mail: schiller@stmd.de

Museum zur Dresdner Frühromantik:
Hauptstraße 13, 01097 Dresden, Mi. bis So. 10 bis 18 Uhr,
Telefon 0351/804 47 60, E-Mail: mdf@stmd.de

Kraszewski-Museum:
Nordstraße 28, 01099 Dresden, Mi. bis So. 10 bis 18 Uhr,
Telefon 0351/804 44 50, E-Mail: kraszewski@stmd.de

Erich-Kästner-Museum:
Antonstraße 1, 01097 Dresden,
So. bis Di. 10 bis 18 Uhr und Mi. von 10 bis 20 Uhr,
Telefon 0351/804 50 86, www.erich-kaestner-museum.de,
E-Mail: info@erich-kästner-museum.de

Verwendete Literatur

(Auswahl)

N. Weiß/J. Wonneberger:
Dichter, Denker, Literaten, Verlag Die Scheune, Dresden 1997

Fritz Löffler:
Das Körnerhaus in Dresden, Dresden 1936

Schillers Briefe: Aufbau-Verlag, Berlin und Weimar 1968

Wilhelm von Kügelgen:
Jugenderinnerungen eines alten Mannes,
Koehler und Amelang, Leipzig 1989

H. Freytag/D. Peil (Hrsg.):
Das Kügelgenhaus in Dresden und seine emblematische
Deckendekoration, Institut für Deutsche Philologie,
München (o. J.)

Elzbieta Szymanska:
Andenken an das Kraszewski-Museum in Dresden, Katalog,
Verlag ACGM „Lodart“, Lodz (o. J.)

Kokoschka und Dresden,
E. A. Seemann, Leipzig 1996

Bert Kasties:
Walter Hasenclever, Niemeyer Verlag, Tübingen 1994

Michael Fasshauer:
Das Phänomen Hellerau, Hellerau-Verlag, Dresden 1997

Hans-Jürgen Sarfert:
Hellerau, Hellerau-Verlag, Dresden 1999

Thea Sternheim:
Tagebücher 1905–1927, Die Jahre mit Carl Sternheim,
Hrsg. von Bernhard Zeller,
Mainz Verlag v. Hase und Koehler 1995

Thea Sternheim:
Erinnerungen, Hrsg. von Helmtrud Mauser,
Kore Verlag, Freiburg 1995

Carl Sternheim:
Briefe, Hrsg. von Wolfgang Wendler,
Luchterhand Literaturverlag, Darmstadt 1988

Conrad Felixmüller:
Erinnerungen eines Malers an seinen Kunstfreund Carl Sternheim,
In: Das Porträt des Dichters Carl Sternheim von Conrad Felixmüller 1928/29, Deutsche Schillergesellschaft, Marbach a. N. 1991

Erich Kästner:
Als ich ein kleiner Junge war,
Aufbau-Verlag, Berlin und Weimar 1978

Matthias Stresow:
Auf den Spuren Erich Kästners in Dresden,
Hellerau-Verlag, Dresden 1999

Victor Klemperer:
Ein Leben in Bildern, Aufbau-Verlag, Berlin 1999

Victor Klemperer:
Ich will Zeugnis ablegen bis zum letzten, Tagebücher 1933–1945,
Aufbau-Verlag, Berlin 1995

Martin Andersen Nexö:
Die verlorene Generation, Dietz Verlag, Berlin 1950

Max Zimmering:
Besuch bei einem großen Dichter, In: ndl 1954/Heft 6

Franz Hammer:
Bildbibliographie Martin Andersen Nexö,
Verlag Enzyklopädie, Leipzig 1963

Bildnachweis

Agfa Foto-Historama, Köln: 33
Festspielhaus Hellerau: 38
Jochen Helle, Dortmund: 45
Hadwig Klemperer, Dresden: 60, 63
Interaktives Erich-Kästner-Museum, Dresden: 54, 59
Sammlung Ch. Schölzel: 30
Sächsische Landesbibliothek – Staats- und Universitätsbibliothek Dresden (SLUB)/Deutsche Fotothek: 10 (W. Möbius), 18 (H. Reinecke), 21 (Balinski), 27 (Alex), 34 (Schaal), 41, 42, 49 (Döring), 57 (F. Eschen), 69 (R. Peter sen.)
Schiller-Nationalmuseum, Marbach am Neckar: 46 (VG Bild-Kunst, Bonn 2002), 51
Hans Strehlow, Dresden: 22
Jens Wonneberger, Dresden: 13, 14, 17, 24, 37, 65, 66, 71

Die Autoren

Norbert Weiß: Geboren 1949 in Dresden. Lehre zum Bibliothekstechniker; Tätigkeit als Druckereiarbeiter, Telegrammbote, Buchverkäufer, Bauarbeiter und Lagerist. Abitur und Pädagogikstudium in Zwickau, Relegation aus politischen Gründen und „Bewährung in der Produktion". Literaturstudium in Leipzig. Lebt als Erzähler, Lyriker, Publizist und Herausgeber in Dresden. Veröffentlichte u.a. „Literarisches Dreden", Berlin 2001. Gemeinsame Veröffentlichung mit J. Wonneberger: „Dichter, Denker, Literaten", Dresden 1997.
Norbert Weiß schrieb die Kapitel „Der Gottessegen", „Polnische Streiche", „Ausblick auf endlosen Horizont", „Ein Kind der Königsbrücker Straße" und „Holzschuhtanz auf dem Parnaß".

Jens Wonneberger: Geboren 1960 in Großröhrsdorf. Studium des Bauingenieurwesens in Dresden, anschließend Reinigungskraft in einem Antiquariat. Seit 1992 freier Schriftsteller und Literaturredakteur des Dresdner Stadtmagazins SAX. Zahlreiche Veröffentlichungen, u.a. „Pfunds Molkerei" im be.bra verlag; gemeinsam mit N. Weiß „Dichter, Denker, Literaten", Dresden 1997. Jens Wonneberger lebt in Dresden.
Von Jens Wonneberger stammen „Oden aus der Waschküche", „Ein angenehm rauhes Musenquartier", „Ein Zentrum an der Peripherie der Stadt" und „Das Ganze macht einen respektierlichen Eindruck".

Die Deutsche Bibliothek – CIP-Einheitsaufnahme
Dresdner Dichterhäuser / Jens Wonneberger und Norbert Weiß. –
Berlin: be.bra-Verl., 2002
ISBN 3-930863-80-4

KulturBrauerei Haus S
Schönhauser Allee 37, 10435 Berlin
info@bebraverlag.de
www.bebraverlag.de

Lektorat: Gabriele Dietz, Berlin
Gestaltung: gold, berlin
Umschlag: gold unter Verwendung eines Fotos von Franz Zadnicek
Schrift: ITC New Baskerville 9,25 pt
Druck und Bindung: Druckerei Gerike, Berlin

ISBN 3-930863-80-4